김영희 시집

꽃이 피는 이유

김영희 시집

꽃이 피는 이유

순수

◆ 시인의 말

두 번째 시집
『꽃이 피는 이유』를 세상에 내놓으며

깡 촌에서 유소년 시절을 보낸
내가 만학의 시인이 되어
두 번째 시집을 세상에 내어놓게 된 것이
참으로 신기하기만 합니다
지금껏 건너온 징검다리를 들춰 보니
깡 촌의 산골짜기 여울들이
폭설 속에 무너진 광산촌의 학교가
세상을 일찍 떠나신 어머니가
어머니의 몫까지 인고의 세월을 버티고
살아내신 아버지가
준비 없는 한 인생을 받아 키워준 세상이
철없는 시절에 만난 남편이
준비되지 않은 나를 부모로 만들어 준 아이들이
저의 도서관이었고 시의 스승이었고
나를 키우고 다듬어 가는 멘토(mentor)였습니다

수없는 실수와 수렁에서 건져 올려지며
내가 누구인지, 어디서 왔는지,
무엇을 위해 세상에 왔다가
어디로 가는지, 내 인생의 종착역은 어디인지
한 인생의 정체성을 알게 하시고
모든 상황을 이면에서 섭리하시는
하나님께 모든 영광을 올려 드립니다

아울러 표지와 그림으로 동참해 준
남편에게도 고마운 마음으로 쾌유를 응원하며
졸작의 출간을 기꺼이 맡아주신
순수문학 박영하 주간님과
출판부 관계자분들에게
지면을 빌어 감사를 드립니다.

2025년 2월 28일 김영희

차례

◆ 시인의 말　　　　　　　10
◆ 해설/정연수　　　　　　140

1부 꽃이 피는 이유

봄의 연가　　　　　　　21
봄 마중　　　　　　　　22
길 마중　　　　　　　　23
봄은　　　　　　　　　24
꽃이 피는 이유　　　　　25
산딸기　　　　　　　　26
민들레꽃 시계　　　　　28
붓꽃　　　　　　　　　29
무궁화 꽃이　　　　　　30

2부 제철 감성

빗소리　　　　　　　　35
똥의 귀환　　　　　　　36
애인 소개　　　　　　　38
맛　　　　　　　　　　39
5월과 유월 사이　　　　40
제철 감성　　　　　　　41
제철 감성 · 2　　　　　42
11월　　　　　　　　　43

화려한 외출	44
그러거나 말거나	45
수수께끼	46
수수께끼 · 2	47
수수께끼 · 3	48
소소한 행복 · 2	49
잡초	50
천상에서	51
가을 여행	52
벗을지 말지	54
가는 님, 오는 님	55
고추장 담는 날	56
고추장 담는 날 · 2	58
고추장 담는 날 · 3	60
고추장 담는 날 · 4	61
밥꽃	62
단풍 비	64

3부 샛문과 여백

마법의 창	67
샛문과 여백	68

마법의 창 · 2	70
마법의 창 · 3	71
마법의 정원	72
무지개가 사는 집	73
창문이 들려주는 이야기	74
창문이 들려 주는 이야기 · 2	76

4부 당신의 이름

당신의 이름 · 2	79
할머니의 유산	82
할머니의 유산 · 2	83
어느 할머니의 유산	84
고백	85
입맛을 찾아서	88
복 받는 종	90
교회	91
주후 2023년이라고 읽고 쓰면서	92
무,상,그,이	93
강가에서	94
누구십니까	96
누구십니까 · 2	98

5부　로또 부부

로또 부부　　　　　　　　　　103
바보들의 불장난　　　　　　　104
그 남자　　　　　　　　　　　105
어떤 휴가 · 3　　　　　　　　106
벌컥벌컥, 울컥울컥　　　　　108
약손 · 2　　　　　　　　　　109
고민과 행복 사이　　　　　　110

6부　너에게로 가는 길

너에게로 가는 길 – 내 안의 너에게　113
너에게로 가는 길 – 잠들기 전에　　　114
너에게로 가는 길 – 나만의 너에게　　115
실로암　　　　　　　　　　　116
세탁기　　　　　　　　　　　117
집으로 가는 길　　　　　　　118
지,공,거사　　　　　　　　　120
별 다 줄　　　　　　　　　　122
많아지는 것　　　　　　　　124

7부 바디랭귀지

FOCUS on JESUS - 태국선교여행	127
바디랭귀지	128
FOCUS on JESUS - 1. 첫째날	129
딴만 에덴교회	130
파타야 에덴교회	132
산호섬	133
그랬었지	134
바람	135
바람의 길을 따라	136
바람 · 2	137
바람 · 3	138

1부

꽃이 피는 이유

봄의 연가

동백의 새빨간 입술로 그려내는
님이여
님이시여!

품속을 더듬는 님의 손길에
너도나도 달아오르는 봄
황금빛 왕관으로 올리는
민들레의 송가
목련의 나팔로 올리는 눈부신 연가
밤도 취해 비틀거리게 하는
벚꽃의 빛나는 찬가
寒의 나루를 알몸으로 건너온 나무들
연둣빛 새 부리로
일편단심 찬미하는
봄은 열애 중.

봄 마중

봄인 듯
아직은 아닌 듯

추위를 뚫고
가장 먼저 달려온
전령이기에
그 작은 꽃잎만으로도
봄은 충분합니다
노랑꽃 세상을 만들기에
부족하지 않습니다

봄이 성급한 사람들은
마중을 나갑니다

산수유 꽃마을을 거쳐
매화마을까지.

길 마중

장정 여럿이
꽃 마중을 나선다

겨울의 강을 건너느라 지친
가지들 늘여진 채 잠시
푸른 피를 뿜으며 꽃 날개 펼치던
회상 속에서 이젠
떠날 때가 왔음을 안다

처억 처억 싹뚝 싹뚝
꽃대궁 더미가
트럭에 쌓이며 실려 나간
언덕의 花宮에선
벌써 꽃씨들의 수런거림에
봄은 꽃물 채비로 분주하고

올해는 또 어떤 꽃들이
교회 마당에 병풍을 두를까
일손들의 땀방울이 햇살보다 화사한
봄맞이 주일의 오후.

봄은

봄은
뻥튀기 장수

새벽마다
꿈
한 수저씩 넣어
펑펑 튀겨낸
나무마다
일곱 빛깔 그라데이션

이름 모를 들풀도
곱디고운 분 단장

봄은 마법사.

꽃이 피는 이유

조 심으라 조팝꽃이
파 심으라 파꽃이
모 심으라 찔레꽃이 핍니다

온 세상의 허물을 하얗게 지우는 눈꽃
뼈를 녹이는 얼음꽃
동굴 속의 이끼꽃

구순의 능선
그 아래 어디쯤인가로 심심찮게 돌아가
서성이다가 오는 아버지
인적 드문 섣달그믐 날
핏기 마른 얼굴에
활짝 피우시던 주름 꽃도

함께한다는
사랑한다는
기다린다는
행복하자는
약속입니다.

산딸기

마트 가판대에
귀하게 포장된 산딸기가
배탈이 나도록 따 먹던 시절로
달려가는 수레를 태운다

어린 4남매 데리고
새 터전을 일구어 낸
내 부모님 청춘을 묻으신 그곳
우람한 바위들이 보초를 서고
옥수수, 고추가 키재기 하는
밭머리 거대한 수풀에서
햇살에 흠뻑 취한 산딸기
주전자에 가득 채우도록
뙤약볕을 이고
밭이랑에 갇히던 부모님

옴매에…
송아지 풀밭 속 엄마 찾던
지금은 초목이 우거져
비밀이 된 벼락바윗골*

산딸기 그 수풀에
눈감아 풍덩 빠져 보는
4월의 오후.

＊벼락바윗골 : 봉양면 옥전리 소재

민들레꽃 시계

간장 한 바퀴 휘익
매실액 한 바퀴 반 휘익 획
고춧가루 한 줌 탈탈
참기름 반 바퀴 주륵
깨소금 반 줌 톡톡톡
뒤적뒤적

쑥 뜯으러 나갔다가
황금알 낳으려고 산고 중인 민들레
몇 포거지 밑둥 도리니
뽀얀 피를 흘리며
쌉쌀한 죽음으로 살려낸 입맛
풀밭 성찬

산골에 살던 시절에는
산나물에 취해
눈길도 주지 않았던 민들레
어느새 황금 왕관 다 내려놓고
초침 분침만 무수한 꽃시계
어느 인생길에 데려다 줄
飛上을 기다리는 중.

붓꽃

오!
이 묵향
보라색 먹물이네
어디서 났니?
내 침이야
누구한테 썼는데?
음음… 있어
뭐라고 썼는지 보여줘 봐
음음…
어디에 있는데 어디 어디
내 혀 밑 하얀 꽃잎에

비 온 뒤의 무지개처럼
신비한 그대에게
기별이 닿기를 소망하는
나의 마음을
전해 주세요

야! 이건.

무궁화 꽃이
- 샤론의 장미(Rose of Sharon)

피었습니다
이른 햇살을 먹고
울타리를 곱게 물들이던 그 꽃이
천天 단심丹心 으로 피었습니다
민족의 말과 함께 시샘을 받아
뽑혀져 재가 되던 무궁화
"무궁화 꽃이 피었습니다"

돌아서서 눈을 가린 술래가
열 글자를 외우는 동안
발걸음을 들킨 아이들이
술래의 손을 잡고 늘어서고
소리 없는 발걸음이 다가와
술래에게 잡힌 손을 끊어 주면 우르르
힘을 다해 달아나던 아이들
땡볕이 그림자를 드리우며
달빛으로 갈아타는 줄도 모르고
무궁화는 그렇게
아이들의 입에서 입으로 피어나고

여인들의 손에서 손으로
밤마다 이 강산에 수(繡)를 놓아
칠월의 이마에도
내 가슴에도
그리움으로 피었습니다.

2부

제철 감성

빗소리

수스슥 숙수수숙
투투툭 투둑
타닥타닥 타다다닥
텃밭의 비닐 고랑을 두들기며
밤을 연주하는 빗소리
거름으로 돋아놓은
밭고랑 속에선
세상에서 가장 아름다운 음률에
귀를 대고 있겠지

며칠째
금 비, 꽃 비에 담겨지는 사연들
토 궁에선 다시
연두 필로 적어 화답하니
이른 아침부터
토 궁에서 올라온 소식 보따리
널따란 밭고랑에 풀어
땀방울로 적어 가는
농부들의 푸른 교감.

똥의 귀환

20여 평 텃밭을 얻어
채소를 심어보려니
거름부터 주문해야 한다고

도시생활을 하면서 잊었던
척박한 산골에 고추, 감자, 서숙
옥수수, 콩, 수박, 오이, 호박까지 자라게 하던
거름이 다 똥인게다
외양간에서 쳐내 둔 소똥 더미
아궁이에서 나온 재에 인분을 퍼부어
두울둘 섞어 쌓아두었다가
아버지 오빠의 등짐으로 나가던 거름이
한해 농사의 척도가 되던 시절
이 똥, 저 똥 가리지 않고 빨아 먹는
곡식엔 햇살이 입 맞추고
이슬이 이불을 덮어
실한 열매가 탐스럽던

손자 손녀의 학습장이 될
텃밭 널찍한 둘레에는 어느새

우사, 돈사, 계사에서 묵혀 나온
똥 포대들이 몸값을 올리며
연일 귀토 중.

애인 소개

또 만지네
이쁘니까 ㅎㅎ
엉덩이도 만지고
발가락도 살피고
이불도 덮어 주고
물도 먹여 주잖어

휴일의 아침을 깨우는 비 소식에
모종 농장은 시끌벅적한 장터
고추, 상추, 쑥갓, 모듬 쌈채 등등 푸성귀
당귀, 방풍, 양귀비 등 다년초
야생에서 데려온 돗나물, 미나리, 비비추까지
다섯 평부터 백여 평까지 나름 여력에 따라
수십 명이 공유한 텃밭은 어느새 이웃들의 소통장소
완두, 꼬투리, 오이, 고추, 호박이 맺히고
꽃 피는 텃밭에
매일 살다시피 하는 분, 자주 들르는 분
주말에만 오는 분
상황은 다양하지만
텃밭은 어느새 하루라도 안 보면
몸살날 것 같은
모두의 새 애인.

맛

난생 처음 심어 본 양파 모종
새봄엔 감자도 두 줄 붙였다
당귀, 방풍 둘씩, 머위 한 포거지
토마토, 가지, 참외 둘, 파프리카 둘,
고추, 옥수수, 시금치, 열무, 참깨, 들깨
호박, 오이, 쌈채들

시린 맛도, 불볕의 매운 맛도
때론 번개 따귀 맛도
새털구름 맛도 있으며
텃밭에 어우러져 서로 엉키어도
저만의 빛깔과 향기와 맛을 빚으며
저들만의 세상을 살아낸다
쉽게 마르는 목을 빼어 손길을 기다리는
작고 여린 꽃 순들이
해충들의 끈질긴 공격에도
끝내는 피워내고 맺으며 제 몫을 다한다

난…
나를 키워가는 세상
나를 실어 가는 바람에게 물어본다.

5월과 유월 사이

너는 노란 코스모스 맞지?
뭐야뭐야 금계국이라고 불러줘
그렇구나
난 마가렛 내가 제일 우아하다고들 하지
요즘 나비들의 잦은 키스에 얼굴이 화끈거리지만
얘 넌 패랭이구나 언제 왔니?
아! 넌 낮달맞이 어? 핑크드레스도 있었네
야! 어! 씀바귀 넌 얼굴이 하두 많아 어딜 봐야 하지?
이슬 먹은 메꽃, 수레국화 망초…
순결의 사랑 나리 백합도 본분도 잊은 채
달디단 햇살을 빨며 가담한 야생화들의 수다.

제철 감성

그녀의 금송화가
한 아름 카톡에 담겨 왔다
철쭉, 튤립, 수국
함박웃음 장미, 나리꽃, 원추리
코스모스, 황금 레이스 입은
금송화, 금잔화, 소국 향기까지

잘 계시죠, 아침은 드셨을까요
옥수수 철인데 드셔 보셨나요
코로나 백신은 맞았나요
바깥양반은 좀 어때요
파마할 때 된거 같아요
미용실엔 언제 올래요
같이 밥 먹기로 한 약속 …

같은 아파트에 입주하며 맺어진 인연
송파구 어느 동산의 공원에
매주 세 번씩은 오른다는
금화규를 닮은 傘壽의
그녀 안부가
꽃송이 송이마다
제철 감성으로 피어난다.

제철 감성 · 2

벚나무 잎이 고추잠자리처럼 날고
여친들 데려다 알밤, 도토리 주워 저장하는
다람쥐, 그 양식을 나누어 가는 사람들

가슴을 뛰게 하는 아이들 운동회 줄다리기
응원가, 승전가, 박수 소리

황금 싸라기 다 털어 주고
하얀 무덤 속에 옹크려 앉은 들판

들깨를 터는 아낙의 뒤태에서
어머니의 그 향취가 어우러지고

한글을 창제하신 사랑의 선조
그 업적을 누리며 새삼 감사하게 되는

출퇴근할 때마다 조잘대는 종달새
막냇동생 생일이 가까워지고

아침저녁 기온 차가 커서
함께 걷기만 해도 좋은
서로를 다독다독 사랑하기 좋은 달.

11월

꿈만 꾸는 단풍 구경의
미련이 아직은 꿈틀거리는

국화의 웃음소리에 홀려
어디라도 떠나 보고 싶어지는

철쭉도 장미도 봄인 듯 여름인 듯
한 송이씩 고개를 내밀어
기웃거리는

아련해지는 매미 소리, 빗소리
하나도 버릴 수가 없는

풍성했던, 화려했던 시월
그때는 미처 몰랐던
한 올 한 올 내려놓으며
견딤의 징검다리를 놓아가는 달.

화려한 외출

햇살이 부르는 이름으로
꽃이 된 단풍들의 몸짓

빨, 주, 노, 초, 갈색으로 파마를 하고
팔랑팔랑 무도회장으로 가는
메타세콰이어 숲의
화려한 외출

저 시월의 징검다리
하나씩 건너다보니
너나 나나 하나같이 동색인 것을.

그러거나 말거나

전신거울에 발 담그고
첨벙첨벙 철버덩 철버둥
소나무의 춤사위가
이른 아침 윤슬에 실려 빛나고 있지

중장비가 물길을 돌려
연일 소나무 그림자를 파헤치면
백로가 하얗게 달려들어 포식을 해도
그러거나 말거나
뒤늦게 농로 다리 부수느라
꽝꽝대며 둥치까지 흔들어도
그러거나 말거나
승두소하천에 물길이 다시 넘실대면
오리 떼가 야시장에 난입하여
달빛을 서로 찢어 마셔도
그러거나 말거나
눈길이 머무는 곳에서
푸른 노래에 송홧가루 한 줌씩 얹어
먼 훗날로 날리는
정원의 소나무들.

수수께끼

먹는 자에게서 먹는 것이 나오고
강한 자에게서 단것이 나온 것은?

표면적인 답은
죽은 사자의 사체에서
꿀이 나왔다는 삼손의 체험적 수수께끼지만
삼손이 누구의 그림자인지
사자와 꿀이 무엇을 말하고자 함인지
오묘한 이면의 답을 알면
수수께끼로 가득한 세상살이가
훨씬 감사하고 행복해질 텐데

정답은 알아도
아직도 세상살이에 잡혀 휘둘리는
인생살이가 수수께끼.

수수께끼 · 2

탄탄대로보다는
울퉁불퉁 퀘퀘한 나뭇잎 내
오솔길을 즐기는 만년 소녀

카페에서 누리는 커피 향보다는
텃밭에 더 홀딱 반하는 촌년

몸에 좋은 유산균 김치는 점점 멀어지고
갓 버무린 푸성귀가 점점 좋아지는 시니어

강조되는 민원에도
아파트에서 휴일에 색소폰을 독학하며
화장실만 가면 가운데 문을 자주 열고 나오는 할방구

휴일을 방구석에서 스마트폰하고 뒹구는 싱글 남

텃밭, 싱싱한 애인에게 빠져
먼 길 날마다 쫓아다니다가
몸져누운 이웃집 할배.

수수께끼 · 3

아니! 이게 누구신가?

보도블럭 틈새에 줄을 서서
요염한 허리 누이며
국빈으로 영접하는 기생초

공사장 구석 모래더미 그 척박에서
이삭을 패고 고개를 숙여가는 보리밭

아카시아 잔잎에
싸리꽃을 피워내는 이도 저도 짝퉁
족제비싸리꽃

분명 순한 종자였는데
옆 고랑에서 눈짓하는 청양초에게
순정을 빼앗기고 독해진 고추

도시 나물 꾼의 칼날 아래
무참히 수없이 잘려 나가면서도
황금 면류관 짓겠다는 일념 하나로
끝끝내 새순 꽃대를
밀어 올리고 마는 민들레.

소소한 행복 · 2

노환, 치매 부모님
식사도 변 볼일도 원만함을 감사
감당할 마음, 환경도 감사
종달새 같은 막내동생의
수시 통화도 감사
요양사 오는 오전 시간엔
어린이집 조리사 일도 감사
남편이 일할 수 있음도 감사
주말엔 성내천을 누림도 감사
주말부부도 감사
주일엔 주님 전에 나아감도 감사
남편과 함께 예배도 감사
동행하심의 은혜를 감사
아름다운 계절을 감사
착하고 이쁜 큰 며느리를 주심도 감사
3 손자 1 손녀도 감사
작은아들 새 아파트에 입주를 감사
배우자도 소망하며 감사
코로나19 바이러스를
날마다 이겨갈 수 있음을 감사
시를 통한 위로도 감사
시 낭송도 감사.

잡초

벌겋게 드러난 당신의 등허리
연둣빛 핏줄로 감싸 드릴게요

나의 넝쿨을 햇살에 칭칭 동여
푸른 두건을 지어 드립니다

당신과 내가 어울려 버려진 땅에
옷 한 벌씩 지어 입히렵니다

이름 모를 꽃들이 들어와도 괜찮아요
바람이 잠시 걸터앉아
머리를 헝클어도 괜찮아요

당신 등허리 또다시
찬바람에 부서져 날리는 때까지
억새꽃처럼 억세게 피어
한세상 지내보렵니다.

천상에서

아직은 단풍이 남아 있는
11월의 끝자락
찔레꽃보다 속살이 하얀 첫눈의 춤사위
온 세상이 눈꽃을 입어 순결한 신부가 된 날

방울방울 눈 꽃송이가
쌓이고 피어나
볼품 없던 잡초들, 돌멩이들도
면사포가 도드라져 순결함이 돋보이는 날

타이어 태클이 일상인 도로에는 눈꽃 버진로드
아슬아슬 돌아가는
차들의 눈꽃 빵모자가 제법 멋스러운 날
다니던 국민학교도, 꿈도 무너뜨린
그 폭설도 아련한 그리움으로 돋아나는 날

타락한 인생들에게 찾아오셔서
십자가의 대속의 피로 씻어
의의 세마포를 입혀 주신 주님의 은혜가 눈부신 날
주님을 뵈올 때 천국에서 치러지는
거룩한 혼인예식을 보여주신 날.

가을 여행

고층 빌딩 화장실에다 스마트 폰을 두고 나왔다
5분도 채 지나지 않아 스마트 폰은 찾았지만
고이 모셨던 황금 액자 속의 어머니들은
이미 누군가 모셔간 뒤였다
뒤통수를 맞은 듯
주님 어떡해요
한참을 우두커니 서 있을밖에

휴, 다행이다
스마트 폰 못 찾았으면 어쩔 뻔했어
신분증, 카드도 찾았으니 감사하지
지폐만 가져갔으니 감사하지
눅눅해진 기억창고를 다독인다
차창 밖은 지금 황금알이 여물어 가고
단풍도 한창이고
내 인생도 노을이 익어 가는 매직아워 인듯

비어 가는 기억창고
머지않아 알몸이 될 북풍의 계절일랑
미리 마음에 끌어 담지 말자

나그넷길 종착역에 다다르면
영원한 내 본향 집
준비되어 있으니 감사할 밖에.

벗을지 말지

23년 1월 30일 0시
마스크 실내 의무착용 해제
길고 긴 코로나와의 전쟁이 일부 해제된 셈이다

마스크 대란으로 요일제로 약국 앞에
강추위에 새벽부터 길어지던 줄

학교 문을 닫아걸고
사상 초유 온라인으로
수업이 시작되고
미뤄지는 입학식에
1학년은 될 수 있는 거냐고
꼬치꼬치 엄마를 파던 꽃봉오리는
4학년으로 활짝 피고 있지만
들쭉날쭉 유효한
코로나의 가면은 아직도
벗을지 말지
김 서린 안경 너머로
눈치만 서로 보는 중.

가는 넘, 오는 님

한파의 서슬이
어둠을 휘어 타고
씽씽 거리는 그 어디쯤
별들마저 흐려진 눈꺼풀을
치켜 껌뻑거리다 탈탈 털린
칠흑의 끝마디
우수의 강을 건너느라 지친
바람들의 신음마저
은빛 채찍으로 휘어 갈기며
전설 속 마왕으로 돌아가는
그 자취 위로

버들개지 은빛 꽃바람을 타고
저 춘분의 강가에 서성거릴 때쯤
벌써 귓가에 오글거리는
그때 그 님의 입김.

고추장 담는 날

김장 고춧가루 주문을 하고 보니
아직 남은 것이 퍽 많은데
동생이 보내온 택배 상자 안에도 고춧가루가 있었으니
합쳐서 고추장을 담기로 했지

예전에 어머니는 보리로 싹을 내어 말리고
두 물째 따서 말려 모셔 두었던 고추를 내려
이른 봄볕에 두들겨
빼앗은 금돈은 종자로 두고
간장 담고 남은 메주랑 잡곡을 싸서 이고 지고
오리도 넘는 방앗간엘 다녀오셨었지
식혜를 걸러 달빛을 부어 조청을 달이고
띄운 보리쌀 함지에 재료들을 부어
봄바람을 넣고 시간을 저어 간 맞춰
반질거리는 중간 항아리에 담으시고
보리밥 해 넣고 비빈 막장은 큰 항아리에 담으시고는
엄청난 보상이라도 받은 듯 흐뭇해 하셨었지

오랜만에 찾아간 고추방앗간에는 없는 것이 없었지
우리 쌀로 빚었다는 조청, 메줏가루도 사고
추억의 들기름도 한 병 샀어

끓인 물에 다시마를 우려내고
소금 계량해서 재료를 넣고 저어
매실청으로 마무리하는 고추장에서
그 시절의 뒤란이 보였지

살이 오르는 앵두나무 울타리
그 사이사이에 선 복숭아나무
돌담 밑의 난초, 나리, 붓꽃. 메나지싹
이름 모를 풀 꽃내음도 어우러진
어머니의 살냄새가 배어 있는
넓디넓은 뒤란의
그 장독대.

고추장 담는 날 · 2

매실청을 거르고 난 건더기가 하도 실하여
끓여서 갈아 고추장에 섞었더니
맛이 깊이를 더하네

예전에 울 어머니는 물을 끓여다 항아리를 가시고도
짚을 태운 잿불에 엎어 살균하셨는데
난 통마다 수증기에 한참씩을 엎어
묵은내를 쪄버렸지 ㅎㅎ
지인 댁 드릴 작은 통 먼저 담고
아우에게 보낼 중간 통을,
남편이 옆에서 거들면서
큰아들네 것도 조금 작은 통에 가득가득 담고도
양이 많아서 김치 통에다 담았지
주방이 꽤 훈훈하기는 했지만 설마 하면서
하룻밤 재워서 냉장보관해야지 했는데
밤새 무슨 일이 있었는지
주방이 온통 고추장 범벅이더라고
알뜰 주걱을 찾아들고 서둘러 뚜껑을 여니
글쎄 시뻘건 혀를 낼름거리며
한참을 기어오르다 멈추더라고

식구들이 볼 새라 닦고 또 닦아 수습하여 냉장고에 넣고
아침밥을 서두르는데
진땀이 고추장처럼 화끈거리더라고.

고추장 담는 날 · 3

며칠째 눈꼽이 끼더니
이게 무슨 일이래
흰자위가 고추장이네

안과엘 갔더니
알레르기성 염증이래
환자분의 말씀처럼
매운 내에 오래 노출되면서
더 심해진 것 같다나 어쩐다나 하면서
안약을 처방해 주대

억지로 휴가는 받았지만
지난번 그 합창 공연 포스터 봤지?
아쉬운 마음에 지인들 공연 보러 출발했다가
혹시나
관객들이 눈병으로 알고 혐오스러워 하면
어쩌나 싶더라고
포기하고 돌아섰는데
발걸음이 어찌나 무거운지
누가 뒤에서 잡아댕기는 줄 알았네.

고추장 담는 날 · 4

고추방앗간을 다녀오면서
운전하는 남편에게 뒷일을 맡기고
일을 보러 중간에 내렸는데

아파트 현관에 들기름 냄새가 진동을 하잖아
엘리베이터에서 내리면서
보따리에서 글쎄
들기름병이 탈출을 했다잖아

현관 바닥이 점점 거무튀튀해지더니
사나흘쯤 뒤에는 아예
난전 튀김집 문턱처럼 뻔질거리더라
주방세제에 락스 풀어 현관 대청소를 하는데
병유리 조각도 한 줌은 나온거야
소동에 놀란 옆집도 걸레 들고 합세했어

남편은 억울함에 볼이 부어서
이 상황이 말도 안 된다고
계속 퉁퉁거리더라고.

밥꽃

여보게
자넨 자마구* 란 말을 들어본 적이 있는가
여름과 가을 사이
찰나에 핀 꽃밥 터트려
암술에 붓고는 이내 사라지는
별의 미소 같은 꽃

햇살이 터져나간, 천둥이 울다간
바람 새 호로록 호로록
청보라빛 내리는 들판
바람결에 뜸 들이며
보석의 빛깔로 겸손히 채워가는
세상 모든 이들의 어머니 같은
은혜와 베풂, 풍요의 꽃말

여보게, 우리네 평생에
혀의 제단에 오른 쌀밥의 은혜를
다 셈할 수 있겠는가
우리 이젠
노을빛 잠드는 논배미에서

허수의 아비* 로 산다 한들
여한이 없으리.

*자마구: 벼(곡식)꽃
*허수의 아비 : 허수아비의 전설적 유래

단풍 비

우리
늙어 가지 말고
곱게 곱게 익어 가자고

가장 아름다운 날에
함께 떠나자고

늦가을의 깊이를 채색하는
생을 다한 낙엽들

언젠가는 가야 할
낮아짐의 미학.

3부

샛문과 여백

마법의 창
- 대보름 전야

화성의 푸른 노을 입은
서리태 한 줌
해님이 잠든 팥 한 줌
수수 한 줌
밤 속의 달님도 꺼내고
별 부스러기도
한 줌 넣어 시루에 쪄내고
햇살 모아 재워둔
나물도 몇 가지 올린 식탁 너머

마법에 걸린 채 멀어지는
노을의 끝자락에 묻어 나온
수척한 미니문* 의 얼굴

입안의 수풀에선
하늘 연인들의 맛있는 노래가
연신 톡,톡,톡…

*미니문 : 지구에서의 거리가 멀어 작고 하얗게 보이는 보름달

샛문과 여백

서울시민 반납하고
경기대로와 서동대로가 교차하는
평택시 소사7로로 왔다

엘크루 아파트에 딸린
수백만 평의 정원은 로또복권
창 아래 실개천은
말쑥하게 차려입은 백로, 아기오리 떼가
한 끼를 위해 찾는 식탁
눈이 닿는 곳까지 살이 차오른 문전옥답
거실 창에서 눈길 너머 송림에 걸어 놓은
청잣빛 하늘 아래
곧게 곧게 뻗은 농로에 기댄
농막엘 교대로 들락날락
구슬땀으로 가꾸는 하늘 정원사들에게
신의 뜻을 전하는지
구름이 노을이의 쉼터인지…

지나온 아련함으로
짙게 뜸 들여가는 내일로

샛문을 터놓은 마법의 창
푸른 時相으로 물들여 가는
여백.

마법의 창 · 2

딸부잣집
합동 잔치 준비를 하느라
하늘은
한울 가득 이불솜을 꺼내
신부 속살 같은 구름 솜을
뭉치뭉치 떼어 둘러앉아
쪽빛 비단에 굴린다

천사들이 하나둘
자리를 뜨는 무렵
농익은 노을 비단으로 시침한
이부자리가 하늘에 가득가득

청보랏빛 커튼이
신방마다 샤르르르.

마법의 창 · 3

구름이 내려와
기댄 창에

하늘도, 바람도
웬일인지
며칠째
몸져누웠네요

백로가 뒷짐을 지고
헛기침을 하며
깨우나 했더니

실개천 시린 잔 등을
토닥거리고 있었나 봐요

뜨거운 커피 한잔
나누고 싶은 마음
입김에 담아
보냅니다.

마법의 정원

어제 밤
하늘 정원사가 내려와
새하얗게 마법의 가루를 뿌려놓고

정원 한켠으로 흐르는
내당수에선 새벽밥을 짓는
눈 아지랑이가 어둠의 끝자락을 타고 모락모락
어미 품을 빠져 나온 아기들이
개천의 거무스름한 뱃살에다 그림을 그리는 중
신 새벽이 흘리고 간
희뿌연 자락들을 모아
조심조심 붙여 가는 살얼음 조각배
조각배를 딛고 자라나는 나무들
나뭇가지에는 아침노을을 걸어
수중도시를 비추고
일렁거리는 도시 속을 들락날락
계묘년 새해도 건져보려고 분주하기만 한 오리 떼

백로의 하얀 날개를 타고
눈의 나라에서 오는 줄도 모르고.

무지개가 사는 집

아파트 내 작은 도서관
열독 하는 아이들 책 속에서
햇살의 입술
노을의 목덜미
달의 미소
새싹의 풋풋한 콧소리
남촌의 하늘
봄 바다로 실어 오는
라일락의 미소가 슬며시
나와 햇살이 벗어 놓은
그림자 속으로 숨는다

교회 안
아이들 책장 유리
긴 틈새에 살던
일곱 빛깔 요정이
아파트 도서관에도 따라와
아이들을 따라 날마다 한 뼘씩
늘어지게 기지개를 더해 가는
3월의 늦은 오후.

창문이 들려주는 이야기

아침이 여유로운 날에
주방 싱크대에 서면
창문은 시립어린이집을 오롯이 들여온다

'안개 바다야, 가운데 길로 조심히 건너야 해'
유모차를 선생님 손에 건네고
바삐 돌아서는 안개 서린 긴 머리
신발주머니 휘저으며 뒤따르던
아이 손목을 잡고 초등학교로 달려가는
젊은 엄마의 거친 발소리에
철부지 예비 신부에게 들려주시던
큰어머니의 음성이 포개진다
'호랭이보다 더 무서운 것이
시집이고 살림이란다

아니 아니지 아니야
'엄마도 처음, 육아도 처음이지만
나보다 더 소중한 존재를 만난
경이로움으로 달려가는 거야'
산골 살림, 열한 식솔

희생의 굴레 안에 갇혀
미처 누리지 못했을,
당신도 모르실 리 없는
젊음도 기꺼운 가슴 뛰는 사랑을.

창문이 들려 주는 이야기 · 2

'여기야 여기'
'여기에 앉아 쉬었다 가렴'
창문이 덜컹덜컹 속마음을 드러내자
눈꽃이 살포시 창틀에 몸을 기댄다

'너희는 어디에서 온 거니'
'우리는 세상에 보내지는 선물이지
화이트 크리스마스'
눈싸움의 손맛, 눈맛
꽁꽁 언 손, 고드름 바지 단 녹여 주며
화롯불에 구워 주시던 고구마 냄새
배 타고, 말 타고, 염소 타고 오는 산타
빨간 코의 순록으로 불 밝히며 오는 산타
술병만 가득 싣고 오는 산타
설렘으로 들떠서 기다리는 이면엔
세상의 모든 허물을 덮는 사랑이 흐르고
캐롤송을 부르는 이들에게 행복의 도파민을 내려
세계 전쟁 중에도 적군과 함께 캐롤을 부르며
크리스마스 휴전*을 공포하게 했던 기적의 선물이지
우리들이 가장 빛나는 축제이기도 해.

*크리스마스 휴전: 1차 세계대전시 영국군, 독일군과 맺은 휴전.

4부

당신의 이름

당신의 이름 · 2

아버지
뻐꾹 뻐꾹 뻐꾸기의 속 타는 부름에
혹여 아버지의 음성도 실려 올 것만 같은
오후입니다

유복자
물려받은 가난 띠 더 졸라매다
불혹에 떠나보낸 엄마의 몫까지
망백을 넘어 白壽를 바라본 아버지
당신의 이름은 집이었고 고향이었고
하나님의 대리자였음을 새삼 느끼게 됩니다

수시 포가 덮이며
차디찬 들것에 실려지던 아버지
운구차를 같이 타고 가
검안을 거쳐 안치실로 넣어지던
한 줌 흙으로 돌아가던
아버지가 자꾸만 떠올라 울컥울컥합니다

영혼이 돌아가야 할
잃어버린 길 찾아드리도록

일 년이 넘는 시간 곁을 내어주시며
노엽게 해 드린 일들 용서를 구할 때
흔쾌히 허락하신 아버지
마지막까지 청각이 열려 있어
하나님 말씀을 받고 세례받은 후
천사의 인도를 받아 가시는 천국 길
따듯한 마지막 호흡을 손바닥에 느끼며
천국에서 뵙겠다고 작별 인사를 드렸었지요

삼오제 추모 공원으로 가는 차 안에서
"만나 보자 만나 보자 저기 뵈는
저 천국 문에서 만나 보자 만나 보자
그날 아침 그 문에서 만나자"
수없이 울려 나오던 찬양이
아버지의 음성이었음을 압니다

광활한 우주
별들이 반겨 주는
햇빛이 쓸데없는 황금길
세상 고생이 모두 잊혀지는,
영 眼이 열려 저절로 알아지는,

영화로운 몸을 입고 청춘으로 누리는 그곳
영원한 본향에 잘 도착했다고 자랑하러
꿈에 한 번 오시면 참 좋겠습니다
낳아 주셔서 감사하고
사랑합니다.

할머니의 유산
- 세상 달강* 소리

세~ 상~ 달~ 강~
세~ 상~ 달~ 강~

애비가 서울로 돈 벌러 가다가
꿀밤 한 되, 참밤 한 되 주워 가지고
고무락에 얹어 놨더니
머리 풀은 새앙쥐가 다 파먹고
두 톨이 남았는데
이 빠진 통 노구*에 삶아 가지고
이 빠진 조리에 건져 가지고
껍데기는 애비 주고
보물은 에미 주고
알맹이는
니랑 나랑 같이 먹자
세상 달강
세상 달강.

*세상 달강 : 강릉, 삼척지방 아기 어르는 소리
*통 노구 : 작은 놋쇠 솥

할머니의 유산 · 2

할머니 방
화로엔 언제나 불씨가 숨겨져 있었고
벽 높은 곳엔 우주처럼
뒤웅박이 주렁주렁 걸렸고
그 안에는 할머니의 이야기 주머니가
가득 들어 있다 하셨습니다

큰댁, 안채에 딸린
할머니 방 아랫목에서
시린 젖가슴을 풀어 내주시고
자리 밑 달각달각 소리 나는 밤을
잿불에 묻어 구워 주시며
뒤웅박 속에서 꺼내 들려 주시던
할머니의 옛날 이야기

손자 손녀들에게 들려 주고 싶어
스토리텔러 2급 과정을 수료하고
동화구연 지도사 자격증을 받았습니다
동네 도서관 개관을 앞두고
기대 반, 설렘 반.

어느 할머니의 유산

열여덟에
시집온 새색시
시부모님 충청도 방언 몰라
오매 환장하긋네

꽃보다 고운 단풍 숲을 보며
오매 참말로 환장하긋네

며느릿감 고운 뒤태에 홀려
오매 환장하긋네

손자들이 부셔 놓은
간장독 앞에서
오매오매 환장하긋네

막내아들 이륜차 사고로
보내 놓고 주저앉아
오매오매 환장하긋네

거울 속 억새꽃 만발한
당신에게 삿대질하며
오매 환장하긋네.

고백

주님
지난밤도 저는 깊은 죽음 안에 있었습니다
그럼에도 두렵지 않음은 이 아침에도 부활의 은혜를 믿기 때문입니다
이 땅의 육체가 깊은 잠의 강을 건너 천국에서 영화로운 영생으로 일으키심을 기대하면서, 오늘 하루가 주님의 선물임을 감사하면서, 주님을 대면하여 뵈올 날이 점점 다가오고 있음을 감사하면서…

주님
하나님 자리를 넘보라는 에덴동산의 그 속삭임은 여전히 달콤하고 익숙합니다 부와 명예의 자기 숭배로 눈과 귀를 가려 예수님을 보지 못하게 하고 하나님의 나라 안에서 나의 나라를 세우라고 부추깁니다
전능하신 창조주 하나님을 저의 이성적 현실적 관점 안에 가두어 두고 내 의지로 예수님을 알고 믿은 줄, 주님의 자리에 앉아 예수 이름으로 판단하고 정죄하며 기복적, 종교 생활이 믿음인 줄 알았던 마귀의 하수인입니다 불쌍히 여기소서
그럼에도 불구하고 만왕의 왕이신 창조주를 알게 하심은 빛으로 계시하시는 전적인 예수님의 은혜입니다

살릴 가치도 없는 죄인을 찾아 피조물의 형상으로 오신 예수님 33년의 그 가난 멸시 천대도 전능자이시니 고통 없이 치르셨으리라 외로움의 비애, 고통의 두께, 죄의 무게, 아버지께 버림받은 십자가의 그 고통이 얼마나 극심했는지, 자신을 처형하라고 광분한 이들을 얼마만큼이나 사랑하면 그 죄 짐을 감당할 수 있는지 알지도 못했고 알고 싶지도 않았습니다
주님
예수님의 크신 은혜와 사랑을 귀로 전해 들었을 뿐 예수님을 보지 못했습니다
성경을 읽어도 예수님이 잘 보이질 않고 예수님의 고난도 잘 모릅니다
한 치 앞도 모르는 피조물이 주님께 여쭙겠으니 제게 가르쳐 주시고 영안을 열어 보게 하여주소서
"너는 내 것이라"
"내가 너를 창조하였고 너를 지명하여 불렀다"
 나의 생명으로 바꾼 나의 신부 내 교회다

오늘도 말씀을 주시고 믿어지게 하신 주께 춤추어 송축함이 최고의 감사임을 알려주신 주님만 찬양합니다

변함없는 그 사랑의 품 안에서 타락한 죄인의 관점을 깨뜨려 주시고 주님의 관점으로 보고 들으며 새롭게 빚으시는 주님만 기대합니다
사랑합니다 주님만 영광 받으소서.

입맛을 찾아서

지독한 감기몸살이 불러 낸
화로에서 끓고 있던 비지장
그 맛을 찾아 나섰지만 그만 길을 잃고
청국장을 사다가 끓여 보았지만
어머니의 그리움이 빠진 청국장으론
입맛이 달래지지 않았지

찬 서리 찾아온 수년 후의 그 때쯤
두부를 만드는 사람들을 찾아가서
두부를 사고 콩비지를
퍽 많이 얻어 들고 왔지
비지를 다시 찌고
세탁실에다 전기담요를 펴고
짚을 깔고 올린 채반 안에 면보를 깔고
비지를 넣고 면보로 덮고
보자기도 덮고 이불도 덮어 보살폈지
콤콤한 기류가 모락거릴 때까지

멸치 다시 진하게 우리고
김치 국물채 붓고 무도 퉁퉁
호박도 두부도 넣어

흐물흐물 어우러진
꼬릿한 행복.

복 받는 종

손아랫사람에게 하대를 받는 일이
자주 겹치면서 주님의 음성을 듣습니다
거기가 네 자리다
그리 섬기거라
예, 주님

요즘 부쩍 아침이 무겁다
쉼을 요구하는 몸을 이기고 일어나
텃밭의 채소들 주섬주섬
찬양 예배 후 대접할 식재료들을 챙겨싣고 교회로
향하는데
캐리어가 보도블록 사이에 조막 발을 넣고 삐걱대는
동안 주님의 음성을 듣습니다
그래 잘했다
저만 숭배하라는 유혹을 이기고 찬양의 자리로
나아오는 것이
몸을 쳐서 내 뜻에 복종하는 것이란다
주님 감사합니다
사랑합니다.

교회

하나님이 오셨다
배신, 배반, 죽임, 음행을
일삼는 탕자들을 찾아
영광의 보좌 말아 들고
사람이 되셨다

두드리고 외쳐도 알아듣지 못하는
귀머거리, 소경들 향한
지칠 수 없는 가난한 외사랑의 주님
오래 전 끊어져 너덜거리는
다리 찾아 이으려고
외로운 핍박, 멸시, 천대의 길
대신 죽어야만이 살려낼 수 있는
인생의 끝없는 광야, 던져진 사자 굴
폭풍우 속, 십자가 그 길에
언제나 거기 계셨다
내가 너에게로 갈게
이제 죄와 이혼하고
나에게로 오렴
나의 거룩함으로 한몸을 이룬
나의 교회, 나의 신부야.

주후 2023년이라고 읽고 쓰면서

나사렛에 살고 있는 만삭의 마리아를
베들레헴으로 부르는
가이사 아구스도의 정치적 호적령은
다만 표면적 사건
이면적으로는 베들레헴에서 태어날 만왕의 왕을 위한
하나님의 부르심이었음을
자꾸만 자꾸만 흘려버리는 죄인입니다
아직도 녹록지 않은 인생길이
삶의 여정에 만나는 사람들로,
사건으로 나타나시고 말씀하시는
예수님은 보지 못하고
하나님의 섭리를 역주행하는 어리석음에
부딪쳐 깨어지고 부서지는 내 모습이
이제야 어렴풋이나마 보이는 죄인입니다

무,상,그,이

백 점 맞으면 소원 다 들어 줄게

결혼만 하면 아파트는 너희들의 것

사업자금 마련해 주시면
유럽 여행은 물론, 노후에 호강시켜 드릴게요

난무하는 유토피아

영원불변 그 언약의 품에 안기면

무엇을

상상하든 상상

그

이상의 것.

강가에서

내 주의 은혜 강가로
저 십자가의 강가로
내 주의 사랑 있는 곳······
내 영혼을 울리며 흐르는 그 음성이
이 아침 그분의 강가로 나를 부르신다
세상에게 강도를 당한
에스골의 골짜기에 흩어진
마른 뼈에게 찾아오사
고백을 받아내신다

주님 저는
의인 아벨의 예표부터 성육신하시기까지
시대마다 찾아오셨던 예수님을 수없이 죽인 피를 가진
하나님을 몰라 주님을 부인하고 배반하고
십자가에 못 박은
죄인 중의 괴수입니다

수가성 여인을 찾아가셨던 주님이
이 죄인에게도 언제나 찾아오셔서
이름을 부르시며

삭은 뼈 위에 힘줄을, 살을, 가죽으로
생기로 어루만져 주님의 의로 새롭게 빚으신다
나의 사랑 나의 어여쁜 자야
일어나 함께 가자.

누구십니까

누가 거기에 걸어 두었을까
눈부신 미소로 세상을 위로하는
저 거대한 광명을

누가 펼쳐 놓았을까
쏟아질 듯 흐르는
보석의 바다를 이고
아침 햇살 안고 토닥이는
저 끝없는 대지를

누가 그들에게 입 맞추고 있을까
꽃잎이 초록을 건너 단풍으로
달아오르는 절정을

포효하는 어둠을 잠재우며
연인의 숨결처럼
억만의 빛줄기로 깨우는 아침
설레임으로 익어가는 노을

가문다 한들 마르지 않고
몇 날의 장대비에도
그 한계를 넘치지 않는 바다
하늘 바다와 맞닿아 출렁거리도
섞이지 않는 세상에
누구도 조연이 아닌 주인공으로
보내는 당신

당신은 누구십니까.

누구십니까 · 2

당연하게 걸어왔던
누려왔던 모든 순간들

고목도 피우는 봄의 꽃 향기와
시고도 떫은 달고도 매운 온갖 맛을 가져오는
가을의 열매 변하는 계절 속에
오감으로 느끼고 표현하고 나눌 수 있는
가족이, 이웃이 있다는 것

엄마 속에서 한세상 306개 뼈가 자라고
헤아릴 수 없는 지혜와 지식의 천사
둘째 세상에 태어나
206개 뼈로 성인이 되어
33개 관절 두 발로 온몸을 받치고
세상을 마음껏 누빌 수 있다는 것
지구의 두 바퀴 반이나 감는다는 혈관을
1분도 안 되는 시간에 완주하는 장밋빛 액체
침이 있어야 맛도 분별 되고
수분이 있어야 냄새가 맡아지고
양쪽이 번갈아 일한다는 코

말 한 마디 하려면 72개 근육이 수종 들고
피부는 한 달에 한 번씩
천연 방수 옷으로 갈아입는

누군가에겐 기적중의
기적의 일상 속 당신

당신은 누구십니까.

5부

로또 부부

로또 부부

번개맞을 확률
6백만 분의 일보다
당첨 확률이 낮은 로또 복권

금혼이 가까워지지만
매사에 제멋대로, 내 멋대로
서로를 인정하지 못하니 티격태격

성내천에서 잠실까지 바이킹은 하여도
벚꽃 눈이 흩날리는 성내천 길
같이 산책하자는 것도 싫어라
버스 타고 늘 지나만 다니던
석촌호수 단풍길
한 번만 가자고 해도 싫어라
다리 힘 있을 때
친척 집 두루 다니며
안부도 묻고
세상 구경 좀 하고 오라 해도 싫어라

따로따로 국밥.

바보들의 불장난

불기둥이 또 솟았다

성냥 한 개비 그었을 뿐인데
구석구석 쌓여 있던
인화성 잔재들이
불길에 휩싸이고
불똥이 사방으로 튀어 번진다

일 밖에 모르던,
청각이 둔해져 그런지
매사에 어눌하고
대화가 더 짧아진 남편
일일이 챙겨야 하는 내 잔소리가
뇌관을 자주 건드리는 모양이다
귀빈처럼, 절친처럼
교회에서 교우들을 대하듯 하면 될 터인데
그 은혜를 순간순간 잊으니
아직 예수님의 그 은혜를
그 사랑을 모르는
바보.

그 남자

병원 가는 걸 끔찍이 싫어했던 그 남자
혈뇨가 벌겋게 나왔다고 하면서도
통증이 없다고 버티다가
끌려가다시피 병원에 간 남자
비뇨의학과 닥터가 ct 찍어 보더니
대학병원으로 떠밀어 보낸 남자

아산병원엔 차례가 멀어
분당 서울대 병원으로 옮겨
한 달여간 제 집 드나들듯 하며
오만 검사를 거친 후에
신장 하나, 요관 하나 내어주느라
복부 다섯 군데 천공하고도
한 뼘 가까이 절개하고
진통제를 겹겹이 달고
4박 5일을 견뎌 낸 남자
7박 8일 만에 퇴원하여
병원 침대를 대여해 쓰면서
참새 모이처럼 연명하는 남자.

어떤 휴가 · 3

같이 사는 그 남자
신장 하나는 성하여
한쪽을 제거해도 사는데 걱정 없다니 감사
소화기, 호흡기, 순환기 내과
검사도 겸하여 받고 치료를 겸함도 감사
통증도 덜하고 회복이 빠르다는
최첨단 의료 장비로 수술받을 수 있음도 감사
입원 3일째 되던 날부터
힌남노로 3일 연속 비가 내리고
접이식 보호자 침대에서
으스스한 몸을 추스르는데
진주 눈물을 통 창문에 모아
드레스 커튼으로
아침을 열어 위로함도 감사
이걸 만드느라 며칠을 울었구나
한나절도 못 가서 스러지는
진주 방울 커튼에 감동되어 감사
암 1기라서 방사선 치료
항암치료도 안 한다니 감사
거액의 병원비가 해결되어 감사

퇴원하고 한 주가 지나니
함께 걸어서 맛집 투어
하루 한끼는 외식하는 나날도 감사.

벌컥벌컥, 울컥울컥

주일예배 가는 시월
아파트 후문을 나서는데
벌컥벌컥 마음의 문이 열린다
당신과 함께여서 정말 정말 행복하다고
꼬옥 손잡으며 전하라는 사인

예배 시간이 조금 길어도
끄덕끄덕
오직 예수 우리 주님만 옳으십니다

주일마다 섬기는 잔치 손길
오늘의 양식 햄버거 받아 들고
새 초로미 보라 국화 두른 화단
알 품어 가는 배추 한 고랑 눈에 넣고
천군 천사 빽빽히 나팔 부는
하늘 아래
도토리 날 불렀느냐고
굴러내리는 언덕을 지나는데
울컥울컥 또 문을 연다
이렇게 찐한 팔짱으로 살다가
천국에서 함께 부르시면 좋겠다고.

약손 · 2
– 신의 대리자

일생을 살다 보면
힘도 능력도 무용지물이 될 때
찾아가 목숨을 맡기는
전지전능해서 보이지 않는 신은
인정하지 않으려는 인생들에게
하나님은 병원이라는 선물을 주셨다

어마어마한 수술 분량의
환자를 안고 사는
상급 병원 닥터들의
삶의 무게가 느껴져
새삼 마음이 숙여진다

신의 대리자 부모들
때론 손을 얹고 기도하면
놀라운 이적을 베풀기도 하시지만
덜 아프고 회복이 빠른
최첨단 의료기술, 의료 장비로
신의 손길을 대리하는 화타

유병 장수의 세상
그 대열에 서 있는 우리 부부.

고민과 행복 사이

결혼은 하셨을까요
고갱이, 알맹이들이 자라는 모습 지켜보셨나요
뭐든지 잘하라고 웃자라야 된다고
응원 아닌 잔소리도 늘어지게 해 보셨는지요
자기만족에 빠진 마누라라고 자책은요
대책 없는 남편 소리 들어 보셨을까요
차 한 잔 같이 누릴 배우자나 친구는요
나이만큼 늘어난 허리둘레로 고민해 보셨을까요
반백이 일찍 되었다고
또 염색할 때가 됐다며 볼멘소리를
염색약이 사방에 묻었나요
걱정 마세요 시간이 다 지워요
부득부득 오고야 마는 험난한 고난을 넘고 넘으며
살아왔던 지난날
기억의 자루를 하나씩 풀어 보세요
행복이 뭐 별거던가요.

6부

너에게로 가는 길

너에게로 가는 길
― 내 안의 너에게

네가 있었지
빗장 안에서
잠 꼬리 파닥이는 비명에도
그림자의 자리에서
밟히는 흐느낌이 새어 나왔지만
들을 줄 몰랐었지

한 줄기 냇물도
하늘 한 자락
구름 한 조각 걸린 나뭇가지
수선스런 오리 떼
심술퉁이 바람도 환대하여
제 살을 내어주고
서로 부둥키는 앎을

이젠
가려 하네
뒤엉켜진 탐욕과 오욕을
참회로 벗으며
내 안의 앎이
빗장을 잠그기 전에.

너에게로 가는 길
– 잠들기 전에

널
찾아 나선
안개 자욱한 이 밤

헤일 수 없는 날들
꿀이 뚝뚝 떨어지는
눈짓으로 맞아주던 너
당연한 줄 알았지

이 밤 품을 수만
아니 너에게 안길 수만 있다면

칼바위 코스길 천왕봉이라도 오르리

창문 자락에 매달려
재깍재깍 초침 사이로
서걱대는 시래기처럼 건조한
그 불면의 강을 건너
너에게로 간다.

너에게로 가는 길
- 나만의 너에게

사랑인 줄 알았었지
곧 터져 버릴 핑크빛 물풍선

퍼즐의 모서리 들이밀어 긋고
자르고 긁히다 지쳐 가출했을 영혼
구걸로도 채울 수 없었던
요란한 빈 항아리

말 소나기에 눌려
묻어 둔 말이 하도 쌓여
언제부턴가
녹이 슬어 슬어 가고 있었지
용서를 구했지
마음에 무릎도 포개어 꿇으며

내 안의 오랜 기다림의 의자에
주인이 되어 달라고.

실로암

나 거기 있었네

새벽에 잠이 깨면 아련해지는
알 것도
아닌 것도 같은 그곳
배려하는 말 한 마디에
꽃들이 한 송이씩 춤추어 일어나던
그곳에 나 있었네
한땀 한땀 신중한 말에 새긴
사랑을 피워내며
영혼이 세워지는 그곳
하나님 참 좋습니다
감사합니다
사랑합니다
행복합니다
주님이 원하시면 반드시 이루어집니다

그곳에 나 살겠네.

세탁기
－ 불면의 밤

언제 들어왔을까
허락도 없이 들어와

잠을 말리는 밤

청솔가지 지핀 아궁이처럼
연기 자욱한 심연

자고 난 이불처럼
훌훌 걷어 뜯어
세탁기에 넣고
푹푹 삶고 빨아
봄볕에 뽀송뽀송

손 다듬이질로 곱게 다듬어
다시 넣어 꿰매고 싶은

세탁기 한 대
들여 놓고 싶은 날.

집으로 가는 길

연이은 서울 나들이
주말 오후 신라호텔 예식을 마치고
몇 번을 갈아타야 할
지하철이 버거워 선택한 고속 터미널은 매진
다시 강남역에서 기다린 광역버스도 지나치고
결국 신논현역에서 막차를 타고 온 귀가는 새벽이었다

생각해 보면 인생살이가
물레방아 속 같아서
아직도 난 가끔 밤새
석탄을 캐다 이빨만 허옇게 웃으며 들어오시던 아버지
집 앞 시뻘건 철분이 흐르던 개울
집집마다 가을이 붉은 감으로 뒤덮여 오던 임곡리 폭설에 깔린 국민학교 대신
동네 사랑방 교실, 넘치던 동무들 냄새
유년의 그 길 위에 서성이는 나를 본다

결혼하고 스물두 번째 이사, 성내천 가
꽃들이 철마다 울리는 나팔 소리
잉어 떼가 물담배 뻐끔거리며
긴 잔등을 타고 만찬으로 줄을 잇던

먼저 떠난 이들의 살 냄새
다시 만날 재회의 그 날이
초록초록에 숨어 숨쉬는 것 같은
성내천 그 다리 위에서
한 첩의 화폭 속으로 건너는 중이다.

지,공,거사

지공 거사냐는 물음에 어리버리
지하철을 공짜로 타는 시니어를
지칭하는 말이라고 해서 며칠을 두고 웃었다
일제 치하, 8.15 해방 6.25 동란을 거치는
격동의 시대 국방 의무로, 산업의 주역으로
다산으로 국가 발전에 이바지한
65세 이상 어르신들의 지대한 공에 대한 작은 예우가
먼 길에 허기 달래라고 싸서 허리춤에 채워주던 정
그 비지떡이 그만 싼 게 비지떡이 되듯이

올해는 58년 개띠들의 65세
기초 예우를 70세로 운운하는 구설수가 서럽다
당시 50만 명 정도 수용하는 국민학교에 95만 명이
태어나 우르르 몰려가다 보니
반마다 60명이 넘게 출렁거리는 교실엔
저학년 3부제 수업도 있었다는
웃기지도 믿기지도 않는 사실이
79년생 아들까지 2부제 수업이 이어졌었건만
80년대 초 출생 셋째부터는 출산 병원비
의료보험 적용도
제한되던 웃기지도 믿기지도 않던 산아 제한 정책

아! 어느새 출산장려금도 빛을 보지 못하는
치열한 생존 통로를 뚫기 위해 몰려다녀야 했던
개판이 그립고도 그리운 시대.

별 다 줄

누군가 자기를 알아준다는 건
참 행복한 일인게다
그다지 큰 소리 아니어도 쉽게 알아듣고
장황한 설명이 아니어도
그저 눈빛 하나만으로도 마음을 읽어
맞추어 주는 사람들을 원하지만
금성에서 온 아내는
화성의 투박한 사투리가 불편하고
화성에서 온 그 남자는
자기 고향 방식으로 화상을 입히며 서로
입 안에 혀가 되라고 한다
알잘딱깔센*

정치인이 시작한 '만반잘부', '많관부'
넌 여전히 꾸꾸꾸*
꾸안꾸*
가취관*
너나 낄낄빠빠*
남아공*

별다줄* 세상.

＊알잘딱깔센 : 알아서 잘 딱 맞게 깔끔하고 센스있게
＊만반잘부 : 만나서 반갑습니다 잘부탁합니다
＊많관부 : 많은 관심 부탁드립니다
＊꾸꾸꾸 : 꾸며도 꾸질꾸질
＊꾸안꾸 : 꾸민 듯 안 꾸민듯
＊낄낄빠빠 : 낄 때 끼고 빠질 때 빠져라
＊가취관 : 같은 취향으로 만나는 가벼운 관계
＊남아공 : 남아서 공부나 해라
＊별다줄 : 별걸 다 줄인다

많아지는 것

인생의 발자국이 많아진다는 것은
아쉬움과 후회가 점점 쌓인다는 것

나눌 것보다는
버릴 것이 더 많아졌다는 것

칭찬거리보다는 용서를 구할 일이
더 많아졌다는 것

그분이 열어주신 영안으로
비로소 자신을
볼 수 있게 되는 것.

7부

바디랭귀지

FOCUS on JESUS
- 태국선교여행

우리는 설레는 마음을
하늘 바다에 띄웠다
2월 12일 오후 4시55분 Asiaair
한 장의 그림 같은 영해를 창 밖으로 날리며
먼지보다도 미미한 나에게 오신
우주보다 크신 그분을 생각한다
구름이 파닥파닥
금빛 날갯짓을 하는 동안
농익은 노을은 풍만한 가슴으로 우릴 껴안았다
외투를 벗기어 반나체가 되기까지

잘 왔구나 너는 좀 쉬렴
난기류에 지친 날개를 만지며
순풍은 아주 머 언 먼
여름으로의 바닷길을 달렸다
청보랏빛 커튼 속으로 하루가 녹아드는
수완나품 공항까지.

      2024년 2월12일 오후 4시55분 AirAsia

바디랭귀지

김선교사님 부부가 공항으로 우릴 맞으러 나오셨고
주님은 그분들을 통해 우리의 일정을 관리하셨다
띠를 띠고 허리를 묶고 서서 무교병을 먹으며
주님의 사인을 기다리는 이스라엘처럼

초,중,고생이 함께한 25명의 인원이
수화물을 찾고 공항에서 나올 때쯤은
2시간이 밀린 시차에도 현지의 10시쯤
승합차 3대에 나누어 타고 어둠을 가르며 자정쯤
파타야 해변의 코지비치 호텔에 도착했다
신관 7216호 체크인하고
짐을 풀고 잠자리에 들었지만
들어갈 때부터 훅 ~ 펀치를 날리던
곰팡이들이 내 몸 속을 제 집처럼 들락거렸다
이미 오밤중 지경, 오만 생각 끝에
로비로 가서 온몸으로 대화를 시도해야만 했다
여러 차례의 통화와 직원들의 왕래를 거치면서
일행과는 거리가 먼 본관 0206호로 체인지

한번 일그러진 수면의 꽃은 그 밤 다시 피지 않았다.

FOCUS on JESUS
 - 1. 첫째날

새날의 미소 안에서
우리는 호텔 조식을 즐기고 로비에 모였다
승합차가 줄지어 달리고 달려
유치원부터 초등학생까지 정원 240명
반붕학교에 도착했다

타일의 맨바닥에 줄지어 앉아
우릴 맞이하는
여름을 유산으로 받은 나라
학생들이 준비한 공연을 보고
우리의 어설픈 태국어 복음송을 하나님께 올린 후
장학금 전달 순서
딴만 에덴 교회의 목사님의 복음 전파 기도
스티커 붙이기와 풍선아트로 함께 놀아주기
준비한 신라면 10박스를 끓여 줄지어 서서
점심을 배식을 하고
우리도 배식대에 기대어 서서
김치 없는 라면을 먹으며
일정을 관리하시는 주님의 음성을 들었다.

딴만 에덴교회

큐~ !! 사인을 받은 일행은 다시
승합차에 올라 다음 행선지로 향했다
우리네 울타리에 대추, 밤나무처럼
바나나 망고나무가 자주 보이는
마을들을 지나며 도착한 딴만 에덴교회
교우들이 하루 종일 준비한 듯 200여 개의 도시락
함께 나누어 담은 200봉지의 쌀
개인들이 챙겨간 의류들
망고나무 그늘 아래 선교사님의 손에서 다듬어지는
마을주민들의 헤어스타일
이른 저녁 식사를 마친 교우들과 선교팀은 마을로 나가
주민들을 교회로 초청했다
예수님을 전하는 낯선 기도회보다
도시락과 쌀 봉지 의류에 마음이 더 쏠리는 영혼들
젊은 담임목사님, 선교사님 우리 목사님이 혼신을
다해 전하는
복음을 통역하며 가난과 질병에 허덕이는 영혼들에게
안수를 하셨다
글로만 배웠던 우리나라 초창기의 교회를 보는 것만
같은

언어의 장벽, 죄의 장벽으로 귀가 닫혀버린 영혼들에게
예수를 마음껏 전하지도, 알아듣지도 못하는
안타까움에 젖고
땀에 젖은 첫째날을 마치며
숙소로 돌아온 시간은 자정을 넘긴 때였다
숙소의 수영장에 이어진 해변의 절경을 누릴
여가도 없는
하루 속에도 주님은 함께 계셨다.

파타야 에덴교회

다시 탑승하여 달리는 동안
넓고 푸석한 땅에 심겨진 가시 돋힌 묘목들
농사가 어려운 토양에 묘목을 심어
생계를 꾸리고 있다는 이야기를 들으며
차로 20여 분 넘게 달려
김 선교사님이 시무하시는
파타야 에덴교회에 도착했다
깔끔한 조립식 3층 건물

전임 선교사의 중한 지병으로 인해
8년 전 오게 되었다는 선교 보고와 영상을 듣고
햇살이 용솟음치는 망고, 용과, 파파야를
피로가 씻겨 나가도록 먹으며 주님의 선물을 누렸다

FOCUS on JESUS
홀연히
초,중,고생들과 함께한 이번 여행은
다음 세대에게 자신을 나타내시는
예수님의 계시.

산호섬

조별 인증과 함께
다시 탑승한 승합차
호텔에서 배부한 대형 타월을 하나씩 받아 들고
셋째 날의 행선지 산호섬으로 출발했다
배로 40여 분, 오토바이 삼륜차로 갈아타고
산호섬의 꺼란 교회에 도착한 우리는
FOCUS on JESUS 현수막을 걸었다
예배와 선교 보고 후에
우리는 그곳 교회에 기록된 하나님의 말씀을
그리고 삼륜차를 지원하라는 사인을 받았다

끝없이 펼쳐진 쪽빛 하늘과 바다의
어깨를 동무하고 물결에 몸을 맡기며
아이들과 놀다 보니 수없이 살결을 어루만지며
찰랑거린 물결은 주님의 손길이었고
우린 하나님의 보물섬 안의 보물이었다

시장에서의 과일 투어, 대형마트 투어
난생처음 남편과 함께 영해를 건너간
4박 5일의 선교여행은
난생 속의 에덴동산이었다.

그랬었지

배를 타고 왔었지
아이들이 던져주던
새우깡 몇 알에 세찬 바람을 가르는
갈매기 날갯짓이 아프던
정겨운 갯비린내가 뱃전을 넘나들던
밀고 오르는 파도가
성전을 치루고 난 장수의 숨결 같던
그 뱃길에

바다가
가슴을 내어놓았으리
하늘과 바다가 어깨를 나란히
쪽빛 날개를 이었으리
하늘이 포갠
젖은 바다의 손가락을 맞대며
구름 위로 날아오르던
소녀들의 그 어느 날로 돌려 놓았으리
주저리주저리 전설이 열린
새만금 방조제로 미끄러지며
하늘로 돌아가는 길이어도 좋았으리
고군산군도의 해질녘
선유도에서.

바람

저것 봐 저것 봐

볼을 대고
입술도 훔치고
온몸으로 비비네

저것 좀 봐 난 몰라
슬금슬금 손이
치맛속으로 들어가네

천 갈래 만 갈래
눈웃음에 녹아
세상은
꽃단장으로 들뜨고

와락 끌어안았다가는
이내 밀치고
빙글빙글 춤추며 달아나는
내 사랑은 바람
바람 꾼.

바람의 길을 따라
- 수생 식물원

물안개 피어오르는 날이면
구름이 산허리 휘감으며
시간을 재워두는 대청호

하늘이 내려와
백만여 평 호수에 날개를 드리우고
햇살에 부서지는 윤슬의 노래가
산 내음에 어우러지는
천상의 정원에서
나는 길을 물었었지
수생의 꽃잎들에게
벼랑 위 암석에서
한 세기를 넘겨온 암송에게
바람의 길은 어디냐고…

벼랑의 길을 따라가노라면
바람도 침묵하는 호수 위의 비경
이국적인 해와 달의 집
팍팍하던 일상도 정화되어
행복의 수원지가 되는
내 안의 섬 에덴.

바람 · 2

설익은 햇살 한 줌 허리
베어다 누인 자리

촘촘한 빛살 사이 누비는
베짱이는 보이질 않고
다음 날도 그 다음 날도
새 풀 말아 씻은
바람의 긴 머리만 넘나들더니

밥상을 잘 차리는 조팝, 이팝이
단아한 튤립이, 오밀조밀 루피너스
공부벌레 붓이, 요염한 양귀비
비밀스런 아카시
순수한 백합이
입이 큰 아이 장미…

오월이 짜낸
어머니의 널따란 비단 치마폭에서
모두가 하하 호호
꽃, 꽃, 꽃들의 세상.

바람 · 3

덜컹 덜컹 씨비씨빗씨비씨빗씨………
온통 욕설 중인
창문을 열어 보니
비바람에 실려 오는 밤의 흐느낌

그저 밥을 같이 먹었을 뿐인데
오랜 친구 얼굴 보며 차 한 잔 나누었을 뿐인데
염병으로 격리되어 외로움에 떨다
사랑하는 이들의 곁을 떼어 떠나보내는
잔인한 코로나 19
거리에 인적을 끊어 생계마저 위협하는
엎친 데 덮친 전쟁터의 그 아우성도
해를 거듭하다 보니 느슨해졌지만
기저질환자들에겐 여전히 치명타
입원 중이던 조카가 감염되어
갑자기 닥친 심정지 상황에서
누구도 임종을 못 지켰다고 하니
서둘러 달려간 기독병원 장례식장
오래 전 남편을 일찍 떠나보냈던 시누이
맏아들의 영정 앞에서 오열해도

그저 손을 잡고 안아줄 뿐 위로할 말을 모르는
인류의 천적 바이러스
미워 미워 미워.

◆ 해설

꽃처럼 피어나는 언어,
바람처럼 흐르는 사유
- 김영희 시집 『꽃이 피는 이유』의 시세계 -

정연수
(평론가 · 문학박사)

    이번 시집은 자연을 매개로 인간의 삶과 감정을 깊이 탐구하고 있다. 가장 두드러지는 시적 요소는 '꽃', '봄', '바람'이다. '꽃'은 존재와 관계의 긍정성을 부각하고, '봄'은 새롭게 피어나는 희망과 변화를 상징하며, '바람'은 삶의 역동성과 순환을 암시한다. 이 자연의 이미지들은 시집 전반에 걸쳐 인간의 내면을 드러내며, 자연과 인간의 상호작용을 통해 더 깊은 의미를 전달한다. 이를 통해 끊임없이 변하는 세상 속에서 우리가 놓칠 수 있는 것들을 성찰하도록 이끈다.
    꽃은 개별적 대상으로도 존재하지만, 다른 어휘와 만나 다양한 울림을 전한다. 조팝꽃, 파꽃, 얼음꽃, 이끼꽃, 눈꽃 등의 꽃도 있지만, 꽃을 활용한 어휘를 다양하게 변주하는 현상이 시의 맛을 강화한다. 꽃마을(「봄 마중」), 꽃 마중 · 꽃 날개 · 꽃씨 · 꽃물(「길 마중」), 꽃시계(「민들레꽃 시계」), 수면의 꽃(「바디랭귀지」), 꽃단장(「바람」), 꽃 비(「빗소리」), 꽃바람(「가는 님, 오는 님」), 꽃내음(「고추장 담는 날」)에 이르기까지 다양하게 변주된다. 김영희 시인에게 있어 꽃은 "모두가 하하 호호/꽃, 꽃, 꽃들의 세상"(「바람·2」)이라든가, "벚꽃의 빛나는 찬가"(「봄의 연가」)가 이뤄지듯, 긍정적이고 행복한 세계관을 열어가는 희망의 기제로 작동한다.

이번 시집에 '꽃'은 60회 등장할 정도로 가장 빈번하게 등장하는 시어이다. 꽃은 봄과 바람의 세계와 함께 만나 시세계를 확장하는 방식으로 작동한다. "고목도 피우는 봄의 꽃 향기"(「누구십니까·2」)나, "봄바람을 넣고 시간을 저어 간 맞춰/반질거리는 중간 항아리"(「고추장 담는 날」)에서처럼 두 핵심 시어들이 함께 어우러지면서 시의 의미를 확장하는 것이다.

조 심으라 조팝꽃이
파 심으라 파꽃이
모 심으라 찔레꽃이 핍니다

온 세상의 허물을 하얗게 지우는 눈꽃
뼈를 녹이는 얼음꽃
동굴 속의 이끼꽃

구순의 능선
그 아래 어디쯤인가로 심심찮게 돌아가
서성이다가 오는 아버지
인적 드문 섣달그믐 날

핏기 마른 얼굴에
활짝 피우시던 주름 꽃도

함께한다는
사랑한다는
기다린다는
행복하자는
약속입니다.

- 「꽃이 피는 이유」 전문

  이 시는 자연의 꽃과 인간 삶의 '꽃'을 병치하며, 꽃 피움의 의미를 존재의 약속과 관계의 언어로 확장시키고 있다. 다양한 꽃의 이미지를 통해 삶의 순간들과 관계의 아름다움을 섬세하게 포착한다. "조 심으라 조팝꽃이/파 심으라 파꽃이"라는 구절을 통해 자연의 순환과 인간의 노동이 조화를 이루는 모습을 보여준다. "온 세상의 허물을 하얗게 지우는 눈꽃/뼈를 녹이는 얼음꽃"은 꽃의 상징적 의미를 확장하여 존재의 순수성과 치유의 힘을 부각한다.

  특히 "구순의 능선/그 아래 어디쯤인가로 심심찮게 돌아가/서성이다가 오는 아버지/인적 드문 섣달그믐 날/핏기 마른 얼굴에/활짝 피우시던 주름 꽃"에서는 노인의 주름을 '꽃'으로 표현함으로써, 노화와 죽음에 대한 새로운 미학적 시각을 제시한다. 마지막 연의 "행복하자는/약속"은 꽃피움의 의미를 인간관계의 언어로 확장시키고 있다. 피어나는 존재의 약속을 드러내는 것이다.

품속을 더듬는 님의 손길에/너도나도 달아오르는 봄(「봄의 연가」)

일손들의 땀방울이 햇살보다 화사한/봄맞이 주일의 오후(「길 마중」)

자고 난 이불처럼/훌훌 걷어 뜯어/세탁기에 넣고/푹푹 삶고 빨아/봄볕에 뽀송뽀송(「세탁기-불면의 밤」)

남촌의 하늘/봄 바다로 실어 오는/라일락의 미소(「무지개가 사는 집」)

인용한 구절에서 확인하듯, 봄은 '달아오르고-땀방울-뽀송뽀송-미소' 등 훈훈한 긍정적 세계로 가득하여 변화와 활력을 상징한다. 이번 시집에는 '봄'이라는 시어가 19회 등장하는데, 봄을 제목에 반영한 것만으로도 「봄의 연가」, 「봄 마중」, 「봄은」 등 여러 편이다. "봄은 열애 중"(「봄의 연가」)이라는 구절이 상징하듯, 봄은 삶의 긍정성을 부여하기 위해 활용되고 있다.

특히 「봄 마중」이란 작품에서는 삶의 전환점을 인식하는 감수성의 중요성을 보여준다. "작은 꽃잎만으로도/봄은 충분합니다"라는 구절은 미세한 신호들을 읽어내는 능력이 삶의 방향을 예측하고 준비하는 데 중요하다는 걸 드러낸다. "봄이 성급한 사람들은/마중을 나"가는 현대인의 조급성은 성찰해야 할 것으로, 이를 가능하게 하는 것은 자연의 리듬을 받아들이는 순응에 있다. 「봄 마중」은 짧은 시편이지만, "산수유 꽃마을을 거쳐/매화마을까지"라는 두 행이 던지는 공간은 무척 넓다. 시간의 이동뿐만 아니라, 공간의 이동까지 함께 아우르면서 많은 이야기를 던진다.

봄은/뻥튀기 장수//새벽마다/꿈/한 수저씩 넣어/펑펑 튀겨 낸/나무마다/일곱 빛깔 그라데이션//이름 모를 들풀도/곱디고운 분 단장//봄은 마법사.
- 「봄은」 전문

간결한 언어로 봄의 변화무쌍한 생명력과 창조적 에너지를 표현한 작품이다. "봄은/뻥튀기 장수"라는 비유는 평범한 대상을 놀라운 형태로 변화시키는 봄의 마법 같은 속성을 대중적이고 친근한 이미지로 포착한 수사법이다. "꿈/한 수저씩 넣어/펑펑 튀겨낸/나무"는 봄의 창조적 과정을 요리라는 일상의 언어에 빗대어 시적 상상력을 확장했다. 평범한 일상에서 경이로움을 발견하는 시적 감수성이 잘 드러나는 구절이다. 그리하여, "봄은 마법사"라는 정의를 가능하게 하는 것이자, 세상을 변화시키는 봄의 포용적 특성을 드러내는 것이기도 하다. 봄을 통해 모든 존재에게 동등한 가치와 아름다움을 부여하는 생태학적 평등주의의 철학을 전달하고 있다.

와락 끌어안았다가는/이내 밀치고/빙글빙글 춤추며 달아나는/내 사랑은 바람/바람 꾼(「바람」)

다음 날도 그다음 날도/새 풀 말아 씻은/바람의 긴 머리만 넘나들더니(「바람 · 2」)

나를 키워가는 세상/나를 실어 가는 바람에게 물어본다(「맛」)

버들개지 은빛 꽃바람을 타고/저 춘분의 강가에 서성거릴 때쯤/벌써 귓가에 오글거리는/그때 그 님의 입김(「가는 님, 오는 님」)

인용한 구절에서 확인하듯, 바람은 '빙글빙글-넘나들고-실어 가는-서성거리고'의 활동처럼 역동적 세계로 가득하다. 이번 시집에서 '바람'이라는 시어 역시 '봄'과 같이 19회 등장하고 있다. 「바람」 연작까지 있고 보면, 김영희 시인은 바람의 세계에 애정을 지니고 창작한다는 것을 짐작할 수 있다. 봄이 긍정성을 지향한다면, 바람은 삶의 역동성을 돕고 있다.

물안개 피어오르는 날이면
구름이 산허리 휘감으며
시간을 재워두는 대청호

하늘이 내려와
백만여 평 호수에 날개를 드리우고
햇살에 부서지는 윤슬의 노래가
산 내음에 어우러지는
천상의 정원에서
나는 길을 물었었지
수생의 꽃잎들에게

벼랑 위 암석에서
한 세기를 넘겨온 암송에게
바람의 길은 어디냐고…

벼랑의 길을 따라가노라면
바람도 침묵하는 호수 위의 비경
이국적인 해와 달의 집
팍팍하던 일상도 정화되어
행복의 수원지가 되는
내 안의 섬 에덴.

- 「바람의 길을 따라-수생 식물원」 전문

 이 시는 대청호의 풍경을 통해 자연과 인간의 관계, 그리고 내면의 평화를 찾아가는 여정을 그린다. "시간을 재워두는 대청호"에서는 잠긴 물과 바람을 통해 시간의 흐름을 멈춘 자연의 장엄함을 드러낸다. "나는 길을 물었었지/수생의 꽃잎들에게"라는 구절은 삶의 방향성을 자연 속에서 찾는 현대인의 실존적 구도와 관련 지을 수 있다. "팍팍하던 일상도 정화되어/행복의 수원지가 되는/내 안의 섬 에덴"은 자연 속에서 찾은 내적 평화를 고백하는 것이다. 자연과의 교감을 통해 일상의 무게를 정화하려는 의도이다. 이러한 발상은 생태주의적 치유의 가능성을 시로 접근하는 것이기도 하다.

벌겋게 드러난 당신의 등허리
연둣빛 핏줄로 감싸 드릴게요

나의 넝쿨을 햇살에 칭칭 동여
푸른 두건을 지어 드립니다

당신과 내가 어울려 버려진 땅에
옷 한 벌씩 지어 입히렵니다

이름 모를 꽃들이 들어와도 괜찮아요
바람이 잠시 걸터앉아
머리를 헝클어도 괜찮아요

당신 등허리 또다시
찬바람에 부서져 날리는 때까지
억새꽃처럼 억세게 피어
한세상 지내보렵니다.

—「잡초」 전문

  가장 하찮게 여겨지는 잡초를 통해 사랑과 공존, 그리고 생명력의 의미를 재발견하는 작품이다. "벌겋게 드러난 당신의 등허리"가 상징하는 황폐한 땅을 잡초가 뒤덮고 있다. 잡초가 황무지를 뒤덮는 과정을 긍정적 시선으로 그리고 있다. 이는 꽃과 잡초의 우열을 구분하지 않고, 나무와 잡초의 우열을 구분하지 않는 아름다운 생태주의 사상을 투영한 것이다. 인간 중심적으로 살던 삶을 성찰하면서, 잘난 것과 예쁜 것을 중심에 놓는 우열의 구분짓기를 넘어서는 것이다. "당신과 내가 어울려 버려진 땅에/옷 한 벌씩 지어 입히렵니다"라는 행위는 버려지고 소외된 공간에다 생명을 불

어넣는 잡초의 생태학적 가치이자, 더불어 살아가는 사회적 가치를 보여준다. 「잡초」는 현대 사회에서 소외되고 무시되는 존재들의 가치와 역할에 대하여 통찰한다. 황폐한 땅을 덮는 잡초의 이미지를 통해 소외된 존재들이 서로 기대어 살아가는 공존의 가치를 강조한다. 동시에 "억새꽃처럼 억세게 피어"라는 구절에서는 인간이 겪는 고난 속에서도 삶을 지속하려는 의지를 담아낸다. 잡초는 단순한 생태적 존재가 아니라, "찬바람에 부서져 날리"는 삶의 역경을 견뎌내는 인간의 상징으로 확장된다.

> 할머니 방
> 화로엔 언제나 불씨가 숨겨져 있었고
> 벽 높은 곳엔 우주처럼
> 뒤웅박이 주렁주렁 걸렸고
> 그 안에는 할머니의 이야기 주머니가
> 가득 들어 있다 하셨습니다
>
> - 「할머니의 유산 · 2」 부분

할머니가 이야기꾼으로서 해야 하는 역할과 그 전통을 이어받고자 노력하는 모습을 그리고 있다. 이는 세대 간 지혜의 전승 과정을 조명하는 것이기도 하다. 할머니 방은 전통 지식이 보존되고 전승되는 물리적인 공간이자 상징적 장소이다. "스토리텔러 2급 과정을 수료"한 화자의 삶은 구전 문화의 보존과 전승 방식에 대한 민속학적 실천이기도 하다.

김영희 시인은 해외 선교활동을 다룬 시편에 나타나듯 사회적 약자에 대한 따뜻한 시선을 시화하거나, 전통적 정서를 그리움 속에 담아낸다. "도시락과 쌀 봉지 의류에 마음이 더 쏠리는 영혼들"(「딴만 에덴교회」)을 대하면서, 물질적 빈곤과 영적 구원 사이에서 선교사들이 마주하는 현실적 고민을 진솔하게 드러낸다. 해외 선교 활동의 현장을 생생하게 묘사하면서 신앙 공동체의 역할과 문화적 교류의 의미를 다층적으로 그려낸다.

  "지독한 감기몸살이 불러 낸/화로에서 끓고 있던 비지장"이라거나, "어머니의 그리움이 빠진 청국장으론/입맛이 달래지지 않았지"(「입맛을 찾아서」) 등에 등장하는 음식은 단순한 먹거리가 아니다. 전통적 정서와 추억, 사랑과 그리움 등이 깃든 매개체이다. "흐물흐물 어우러진/꼬릿한 행복"이 밝혀주듯 가정에서의 행복 요소를 다 담은 요리이다. 비지장과 청국장은 한국의 전통음식, 모성, 가족과의 추억 등에 대한 일상적 행위이자, 상실된 정체성에 대한 회복의 가능성을 시사하는 매개이다. "뜨거운 커피 한잔/나누고 싶은 마음/입김에 담아/보냅니다"(「마법의 창·3」)라는 구절은 자연과 인간, 고독과 소통 사이의 미묘한 관계를 포착하고 있다. 진정한 교류의 가치를 주문하는 것이기도 하다.

  「똥의 귀환」같은 작품도 주목할 필요가 있다. 이 시는 농촌의 일상적 경험과 거름으로 상징되는 순환의 원리를 통해 현대 도시 생활과 전통적 농경 문화를 대비시키고 있다. 이를 통해 생태적 지혜의 회복을 보여준다. "이 똥, 저 똥 가리지 않고 빨아 먹는/곡식엔 햇살이 입 맞추고/이슬이 이불을 덮어/실한 열매"(「똥의 귀환」)는 배설물이 비옥한 가치로 전환되는 자연의 경이로운 순환을 시적으로 승화시킨 대목이다. 버려진 것이 새로운 생명을 낳는 순환의 원리는 생태학적 비전이기도 하다.

> 우리/늙어 가지 말고/곱게 곱게 익어 가자고//가장 아름다운 날에/함께 떠나자고//늦가을의 깊이를 채색하는/생을 다한 낙엽들//언젠가는 가야 할/낮아짐의 미학.
>
> — 「단풍 비」 전문

짧지만 깊은 울림을 주는 이 시는 노화와 죽음에 대한 관점을 전환시키는 철학적 메시지를 담고 있다. 간결한 구조와 절제된 언어 속에 삶의 마지막 단계를 대하는 지혜로운 태도가 함축되어 있다. 늙어 가는 것이 아니라, 익어 가는 것으로 재해석한 삶의 긍정적 세계관이 돋보인다. 노인세대를 부정적으로 보는 현대 사회에 제시하는 대안적 시각이기도 하다. "가장 아름다운 날에/함께 떠나자"라는 제안 역시 죽음을 두려운 종말로 여길 것이 아니라 아름다움의 절정에서 맞이하는 자연스러운 여정으로 받아들이자는 지혜이다. 이를 가능하게 하는 매개체로 "늦가을의 깊이를 채색하는" 낙엽을 제시했다. 인간의 노화와 죽음 역시 낙엽처럼,

삶의 미학적 완성일 수 있다는 것을 비유한 것이다. "언젠가는 가야 할/낮아짐의 미학"은 겸손한 자세이자, 무위자연의 겸허함에 빗댈 수 있다.

"인생의 발자국이 많아진다는 것은/아쉬움과 후회가 점점 쌓인다는 것"(「많아지는 것」)이다. 시간이 지나면서 증가하는 것은 물질적 풍요나 지혜가 아니라 아쉬움과 후회라는 역설에 대한 통찰이다. 「많아지는 것」에서 "나눌 것보다는 버릴 것이 더 많아졌다"라는 김영희 시인의 고백은 비워가는 삶의 가치를 드러내고 있다.

김영희 시인의 이번 시집은 '꽃', '봄', '바람'이라는 자연의 언어를 통해 인간 존재의 본질과 삶의 의미를 탐구하는 서정적 여정을 담고 있다. 자연의 언어로 써내린 인간 존재의 서사시라고 하겠다. 간결하면서도 함축적인 언어 사용, 일상적 삶의 소재를 통한 깊은 철학적 사유의 전개는 이 시집의 큰 미덕이다. 단순한 자연 찬미를 넘어, 현대인의 실존적 고민과 관계의 복잡성, 그리고 생태학적 통찰을 섬세하게 엮어낸 점도 주목해야 한다. 시인은 꽃의 이미지를 통해 존재의 아름다움과 관계의 섬세함을, 봄을 통해 희망과 갱신의 가능성을, 바람을 통해 삶의 역동성과 변화의 불가피성을 노래한다. 이러한 자연의 모티프들은 단순한 배경이 아닌, 인간 경험을 비추는 거울이자 삶의 진리를 전달하는 매개체로 기능한다.

특히 주목할 만한 점은 시인의 생태학적 감수성이

다. 「잡초」나 「똥의 귀환」과 같은 작품에서 볼 수 있듯, 김영희는 흔히 간과되거나 천시되는 자연의 요소들에서도 생명의 존엄과 순환의 지혜를 발견한다. 이는 현대 사회의 소비주의와 인간중심주의에 대한 예리한 비판이자, 모든 존재의 상호연결성을 강조하는 생태학적 세계관의 표현이다. 「단풍 비」나 「할머니의 유산」 등의 작품은 노화와 죽음, 그리고 세대 간 지혜의 전승이라는 주제를 다루고 있다. 인생의 순환성과 연속성에 대한 깊은 통찰을 제공하면서, 현대 사회에서 소외되는 노년의 가치와 전통의 중요성을 재조명했다. 자연과 인간, 전통과 현대, 개인과 공동체 사이의 긴장과 조화를 섬세하게 탐색한 이 시집은 우리에게 삶의 본질적 가치를 돌아보는 기회를 줄 것이다.

순수시선 691

꽃이 피는 이유

김영희 지음

2025. 3. 20. 초판
2025. 3. 25. 발행

발행처 · 순수문학사
출판주간 · 朴永河
등 록 제2-1572호

서울 중구 퇴계로48길 11, 협성BD 202호
TEL (02) 2277-6637~8
FAX (02) 2279-7995
E-mail ; seonsookr@hanmail.net

· 저자와의 합의하에 인지를 생략함
· 잘못된 책은 바꾸어 드립니다

ISBN 979-11-91153-78-1

가격 15,000원